교사용

글로벌틴 청소년 새가족을 위한 양육 교재

청소년 새생활

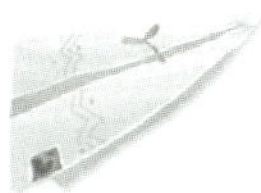

김인환 지음

지티엘

교재의 특징

새 생활은 검증된 교재입니다.

새 생활은 사춘기에 접어든 청소년과 청소년 Cell에 적합한 교재입니다.
지문중심의 해설과 적용 및 상관질문을 통해 보다 쉽게 이해할 수 있게 편집되어 있습니다.
특히 4주간의 과정으로 인해 새 친구 양육에 효과적으로 시간을 사용할 수 있으며
새 생명 이후 신앙의 기초 쌓기에 큰 도움을 주기 위해 만들어진 교재입니다.

〉〉 새 생활 교재의 특징

- 새 생활은 새 생명에 이은 새 친구 양육교제입니다.
- 새 생활은 복음주의적 입장에서 신앙의 기초 쌓기에 효과적인 교제입니다.
- 지구촌교회 청소년 사역의 현장에서 검증된 교재입니다. 이미 많은 청소년의 변화와 영적 성숙에도 큰 도움을 주었습니다.
- 청소년기의 실제적인 고민에 대해 대답할 수 있습니다. 아이들이 묻고 싶었던 것과 학교에서 배우는 진화론에 대한 내용 등을 담아 실제적인 고민과 가까이하도록 만들어져 있습니다.
- 4주간의 과정으로 인해 새 생명 이후 새 친구의 정착률을 돕습니다.
- 지문중심의 교과편집과 질문으로 인해 누가 가르치든 그 편차가 현저하게 줄어들었습니다. 공과를 충분히 읽고 이해하는 것으로 교수가 가능하도록 설계되어 있습니다.
- 주제와 관련된 새 생활 이야기의 읽을거리는 전체 주제를 이해하는데 큰 도움을 줍니다.
- 새 생활 말씀으로 보다 견고한 믿음의 기초를 쌓을 수 있습니다.
- 새 친구를 위해서 '쉬운 성경'을 사용하여 이해가 쉽도록 도왔습니다.

contents

청소년 새생활

어떻게 성숙한 그리스도인이
될 수 있을까요?

1과

예수님과의 관계에서 자라가는 새 생활

"우리는 예수님처럼
살아가야 합니다."

새 생활 이야기

어느 도시에 아름다운 소녀의 동상이 세워져있었습니다. 비록 동상이었지만 소녀의 동상은 아름다운 얼굴과 우아한 자태와 고상한 표정을 지니고 있었습니다. 어느 날 시골에 살던 한 소녀가 우연히 그 동상 앞을 지나가게 되었습니다. 시골 소녀는 동상에게 반한 듯 한참을 쳐다보다 집으로 돌아갔습니다. 그리고 세수를 하고 머리 모양을 단정히 했습니다. 다음 날 시골 소녀는 다시 동상 앞에 왔습니다. 그리고 집으로 돌아가서 옷을 수선했습니다. 다음 날도 소녀는 동상 앞에 서 있었습니다. 그렇게 시골 소녀는 매일 동상 앞에 찾아왔고 동상을 닮아 단정하고 우아하고 아름다워지고 있었습니다.

예수님을 만난 사람의 삶도 이와 같아야 합니다. 예수님을 바라보고 닮으려고 노력해야 합니다. 예수님이 행하신 일들과 말씀을 마음에 새기고 닮아가는 삶이 새 생활의 시작이기 때문입니다.

Guide

새 생활 이야기에서 중요한 포인트는 '닮아 가는 것'이 새 생활의 시작이라는 것입니다.
그러면 아이들에게 이렇게 말할 수 있습니다.
"닮아가는 것이 새 생활의 시작이다."
"닮아가는 것이 너무나 중요하다."
"그런데 누구를 닮느냐는 더 중요하다."라고 하면서 내용을 전개해 나갑니다.
특별히 예수님을 닮아가는 게 새 생명의 삶을 살아가는 사람의 모습입니다. 적용질문을 통해 아이들이 '닮는 것이 무엇인가'에 대한 대략적인 개념을 잡을 수 있도록 연계해서 질문해 주세요.

적용질문

연예인이나 운동선수, 영화배우 등 당신이 닮으려고 했던 사람이 있다면 누구였나요? 그리고 그 이유는 무엇인가요?

닮고 싶은 사람은? ______________였습니다.

그 이유는? ____입니다.

Guide

적용질문은 때로는 아이스 브레이킹으로 사용할 수 있습니다. '새 생활' 이야기가 부드럽게 연결되지 않으면 교사가 자신의 이야기를 오픈하면서 부드러운 분위기로 전환할 수 있습니다. 특별히 예전에 연예인 혹은 좋아하는 사람이 있어서 닮고자 했던 경험이 있다면 자연스럽게 나눠보세요. 나누실 때 염두에 두어야 할 것은 너무 길어지지 않게 해야 한다는 것입니다.

새 생활 시작

출생은 (시작)에 불과합니다.

우리가 그리스도인이 되었을 때 쉽게 착각에 빠지는 것은 예수님을 믿고 구원받은 것이 신앙의 마지막인 것처럼 여기는 것입니다. 하지만 세상의 그 어떤 사람도 지금 막 태어난 아이에게 "아가야, 죽음을 준비해라."라고 말하지 않습니다. 새로운 생명은 시작을 의미하기 때문입니다. 영적인 출생도 마찬가지입니다. 예수님을 믿음으로 구원받고 그리스도인이 되었다면 그 때부터 영적인 출생이 시작된 것입니다. 끝이 아니라 시작임을 알아야 합니다.

개인적 질문

1. 지금 당신의 영적인 나이가 몇 살 정도라고 생각하십니까?

저의 영적인 나이는 지금 _______ 살 입니다.

2. 그렇게 생각하는 이유가 있다면 나눠 보세요.

왜냐하면 :

Guide

개인적 질문을 통해 영적 나이를 스스로 가늠해 볼 수 있도록 도와주세요. 아이들이 적으면 곧바로 그렇게 적은 이유가 무엇인지 이야기할 수 있도록 질문해 주세요. 이때, 모든 아이들에게 질문할 필요는 없습니다. 그룹에서 2, 3명 정도의 아이들에게 질문하시고 시작이라는 것을 강조하신 뒤 자연스럽게 다음으로 넘어갑니다.

새 생활 말씀

출생이 끝이 아닌 또 다른 이유는 출생 이후에 성장이라는 단계가 있기 때문입니다. 누구도 출생의 단계에서 머물러 있지 않습니다. 사람은 출생부터 점점 성장하여 어른이 되어 갑니다. 영적인 생활 역시 성장의 단계가 필요합니다. 아이가 태어나자마자 어른이 되는 것이 아니듯 영적인 생활에도 성장의 단계가 있습니다.

1. 영적 성장의 단계

1) (자녀)의 단계

사랑하는 자녀들이여, 내가 이 글을 쓰는 것은 그리스도를 통하여 여러분의 죄가 용서함을 받았기 때문입니다. (요한일서 2장12절)

Guide

영적 성장의 첫 번째 단계는 자녀의 단계입니다. 자녀의 단계는 이전에 자녀가 아니었던 우리가 하나님의 자녀임을 확인하는 단계입니다. 아이들에게 "영적으로 성장하기 위해서는 자녀가 되어야 한다."라고 말해주시고 "성경에 누가 자녀가 될 수 있다고 했니?"라고 물으시며 상관질문과 연결해서 영접하는 자를 설명해 주세요.

2) (아이)의 단계

자녀들이여, 내가 이 글을 쓴 것은 여러분이 아버지를 알고 있기 때문입니다. (요한일서 2장 14절)

Guide

영적 성장의 두 번째 단계는 아이의 단계입니다. 자녀가 되었다고 누구나 어른으로 커 있는 것은 아닙니다. 자녀의 단계를 통하여 누가 아버지인지 올바로 알아야 합니다. 부모가 누구인지 알아보지 못하는 사람을 가리켜 성숙한 사람이라고 말하지 못하는 것처럼 누가 아버지인지 모르는 사람이 성숙한 그리스도인이 될 수는 없습니다.

상관질문

요한복음 1장 12절에는 누가 하나님의 자녀가 될 수 있다고 말씀하고 있습니까?

영접하는자, 예수님을 죄에서 구원해 주신 분이자 주인으로 모신 고백이 있는 사람

누구든지 그분을 영접하는 사람들, 그분의 이름을 믿는 사람들에게는 하나님의 자녀가 되는 자격을 주셨습니다. (요한복음 1장12절)

3) (청년)의 단계

젊은이들이여, 내가 이 글을 쓴 것은 여러분이 강하기 때문입니다. 하나님의 말씀이 여러분 안에 살아 있으므로, 여러분은 악한 자와 싸워 이겼습니다. (요한일서 2장14절)

Guide

아이의 단계 다음은 청년의 단계입니다. 청년의 단계적 특징은 하나님의 말씀이 우리 속에 거한다는 것입니다. 또한, 그 말씀으로 인해 적을 물리칠 수 있다는 것입니다. 이때는 하나님의 말씀을 알아듣는 단계입니다. Q · T, 성경공부, 설교 등을 통해 지속적으로 하나님의 말씀을 공급받고 있는지, 그 말씀이 자신의 삶에 영향력을 미치고 있는지를 체크해 주세요.
아이들이 이해했다면 상관질문을 통해 "청년의 시기에 말씀이 우리 안에 거하는 것을 방해하는 요소가 있다."라고 말해주시면서 "그것이 무엇인지 찾아볼까?" 하시며 자연스레 상관질문으로 넘어가시면 됩니다.

상관질문

디모데후서 2장 22절은 청년의 시기에 우리가 피해야 할 것이 무엇이라고 가르쳐주고 있습니까?

정욕: 세상적으로 나만을 위한 이기적인 욕심이라고 말할 수 있습니다.
구체적으로는 음란한 영상, 폭력, 중독, 게임, 쇼핑중독 등.

젊은 사람들이 빠지기 쉬운 정욕을 멀리하십시오. 깨끗한 마음을 가지고 주님을 신뢰하는 사람들과 함께 의와 믿음과 사랑과 평안을 추구하기 바랍니다. (디모데후서 2장22절)

4) (아비)의 단계

부모들이여, 내가 이 글을 쓰는 것은 태초부터 계신 그분을 당신이 알고 있기 때문입니다. (요한일서 2장13절)

Guide

이제 청년의 단계를 지났다면 아비의 단계가 있습니다. 아비의 단계는 일종의 멘토링이라고 할 수 있습니다. 즉, 자신과 같은 영적 리더를 길러내는 단계입니다. 요한일서 2장13절은 아비가 자녀에게 쓰는 편지입니다. 영적인 아비로서 자녀를 길러내는 것이지요. 중학생이라고 해서, 고등학생이라고 해서 이 역할이 없는 것은 결코 아닙니다. 오히려 친구와의 관계, 선후배의 관계 속에서 영적인 조언자이자, 리더의 역할은 반드시 필요합니다. 이런 의미에서 아이들에게 '왜 아비가 되어야 하는가?'를 알려주시면서 적용질문을 통해 아비의 역할이 무엇인지 살펴주세요.

적용질문

디모데전서 1장2절, 18절을 보고, 영적인 아비의 역할이 무엇인지 구체적으로 적어보세요.

담전 1:2 – 자녀를 돌보고 양육하는 일. 본문에는 편지로 나와 있다.
담전 1:18 – 자녀를 교훈함. 때로는 훈계(야단침)함. 본문에는 교훈을 명령한다고 표현되어 있다.

믿음 안에서 참된 아들 디모데에게 하나님 아버지와 우리 주 예수 그리스도의 은혜와 자비와 평안이 함께하기를 빕니다. (디모데전서 1장2절)

나의 아들과도 같은 디모데여, 이전에 그대에 대해 말했던 예언과 같은 명령을 지금 그대에게 전합니다. 그 예언들을 따라 믿음 안에서 선한 싸움을 하십시오. (디모데전서 1장18절)

Guide

영적으로 성장하기 위한 단계를 알았다면 이제 필요한 것은 '어떻게 성장할 것인가?'입니다. 성장하기 위해서는 모델이 필요합니다. 왜냐하면, 사람은 보고 배우기 때문입니다. 보고 배운다는 것을 예로 들때, 교사의 이야기를 꺼내셔도 좋습니다. 부정적인 예보다는 긍정적인 이야기로 설명해 주세요.

2. 성장의 모델

영적으로 성장하기 위해 필요한 또 다른 요소는 바로 '모델' 입니다. 누군가 모범이 되어주어야 합니다. 아이를 누군가 곁에서 지켜주고 돌봐주어야 바로 성장하는 것처럼 영적 성장에도 '어떻게 자라야 하는가?' 에 대한 모델이 필요합니다.

1) (예수님)의 모범

아이는 점점 자라고 튼튼해졌으며 지혜도 많아졌습니다. 하나님의 은혜가 아이와 함께하였습니다. (누가복음 2장40절)

예수님은 지혜와 키가 더욱 자랐고, 하나님과 사람들로부터 사랑을 받았습니다. (누가복음 2장52절)

Guide

먼저, 예수님의 모범이 필요합니다. 예수님의 모범은 새 생활의 시작인 동시에 우리의 끝이 되어야 합니다. 우리의 삶 전체가 예수님을 닮아가야 하는 것입니다. 누가복음의 예를 통하여 예수님 또한 성장의 단계를 거치셨음을 알려주시고 우리도 성장해야 함을 다시 한 번 강조해 주세요.

2) (형제(자매)들)의 모범

우리는 여러분을 생각할 때마다 하나님께 늘 감사드립니다. 여러분의 믿음이 더욱 더 자라고 서로에 대한 사랑도 점점 커 가고 있다고 하니, 하나님께 감사드리는 것은 당연한 일입니다. (데살로니가후서 1장3절)

Guide

두 번째 모범은 형제, 자매들의 모범입니다. 즉 교제 속에서 서로의 모범을 따라 배워야 한다는 것입니다. 사도 바울 역시 데살로니가 교회에 자신의 모습을 통해 모범을 보여주었고 그 모범을 따라 성장하는 교인들에게 편지한 것입니다. 서로에게 상처를 주는 비정상적인 관계에서 벗어서 서로 닮아가는 것을 기쁨으로 여기는 공동체가 있다면 그곳이 바로 진정한 교회가 아닐까요?

Guide

성장의 모델을 아셨다면 이제 그 비결을 배울 차례입니다. 성장해야 함을 알고, 모델을 따라 성장해야 함을 아셨다면 그 비결이 무엇인지 알아야 합니다. 비결이란, 남이 알지 못하는 가장 효과적인 방법이라는 뜻입니다. 영적 성장은 일반적인 성장과는 다른 비결이 있습니다. 그 비결을 알아볼까요?

3. 성장의 비결

영적성장은 다른 성장과정과 다른 비결이 있습니다. 이것을 잃어버리면 겉으로는 자란 듯 보여도 속 사람은 여전히 어린아이 수준에 머물게 됩니다.

1) (하나님)이 자라게 하신다.

나는 씨앗을 심었고, 아볼로는 물을 주었으나, 자라게 하시는 분은 하나님이십니다. 그러므로 심는 사람이나 물을 주는 사람은 아무것도 아니지만, 자라게 하시는 분인 하나님은 중요합니다. (고린도전서 3장6-7절)

Guide

첫 번째 비결은 하나님이 자라게 하신다는 것입니다. 많은 사람이 성장의 주체는 바로 자신이라고 말하지만 영적 성장은 하나님이 주인이 되어 길러주시는 것입니다. 고린도전서에 기록되었듯이 우리의 역할은 물을 주는 것뿐입니다. 그렇다면, '물을 주는 것은 무엇입니까?' 라고 하면서 두 번째 비결로 넘어갑니다.

2) 하나님의 (은혜)로 수고와 노력을 기울일 때 자라는 것입니다.

그러나 지금의 나는 하나님의 은혜로 된 것이므로 내게 베푸신 그분의 은혜가 헛되지 않습니다. 나는 다른 사도들보다 더 열심히 일하였습니다. 그러나 그 일은 내가 한 것이 아니라 나와 함께 하시는 하나님의 은혜로 한 것이었습니다. (고린도전서 15장10절)

이 일을 위해 힘쓰고 애쓰며, 내 안에서 능력을 주시는 그리스도를 의지하여 힘차게 나아갑니다. (골로새서 1장29절)

Guide

두 번째 비결은 하나님의 은혜로 수고와 노력을 기울여야 한다는 것입니다. 많은 사람이 오해하는 것이 하나님이 자라게 하신다는 것만을 의지한다는 것입니다. 그러나 앞서 설명했듯이 물을 주는 역할도 필요합니다. 그런데 그게 쉽지 않습니다. 우리의 노력만으로는 어렵습니다. 그래서 필요한 것이 은혜입니다. 은혜란 받을 자격이 없는 사람에게 주시는 하나님의 사랑입니다. 그것을 깨달을 때 우리는 힘들고 어려워도 물을 줄 수가 있습니다. 지속적으로 성장하기를 기대할 수 있습니다.

3) 다른 사람과의 (관계)를 통해 자라는 것이다.

사랑으로 진리만을 말하고, 머리되신 예수 그리스도를 본받아 모든 면에서 성장하도록 하십시오. 온몸이 그리스도께 붙어 있으니 각 지체가 서로 도와 주어 각자 맡은 일을 잘 해 내도록 하십시오. 그러면 온몸이 건강하게 성장하여 사랑 안에서 더욱 튼튼히 서게 될 것입니다. (에베소서 4장15-16절)

Guide

세 번째 비결은 관계입니다. 왜냐하면, 사람들은 서로에게 영향을 주고 살아가기 때문입니다. 만약 그리스도 안에 선한 영향력으로 서로 자라게 한다면 그것은 그 관계에서만 일어날 수 있는 성장이 됩니다. 에베소서는 교회를 통해 관계를 설명합니다. 그리스도의 몸 된 교회 안에 모든 지체(형제, 자매)가 서로 연락하고 돕는다는 것입니다.
세상과 다른 성장의 비결, 그것은 그리스도를 머리로 한 교회 안에서의 관계입니다.

새 생활 생각

1. 나의 영적 성장은 어느 단계에 와 있나요?

Guide

아이마다 자신을 진단하는 영적 성장의 단계가 다 다를 것입니다. 더 성장한 아이들이 있는가 하면 그렇지 못한 아이들도 있는 것이 당연합니다. 중요한 것은 자기 자신을 어떻게 인식하고 있는가 하는 것입니다. 바른 이해를 통해 자신을 진단하여야, 나아가 어떻게 성장할 것인지를 알 수 있기 때문입니다.

2. 나의 영적 성숙도를 볼 때 내가 영적 성장을 위해서 힘써야 할 부분은 무엇이 있을까요?

Guide

위의 질문과 관련하여 자신의 성장과정을 이해하고 있다면 그 수준에서 무엇을 해야 할지 다시 한번 1과를 묵상할 수 있습니다. 묵상을 통하여 스스로 진단하고 노력하게 하는 것이 교사의 역할입니다. 정확한 답변이 없으므로 억지로 제시하지 말고 스스로 찾게 해야 합니다.

3. 앞으로 1년 후, 3년 후, 5년 후에 각각 나의 영적 성장의 모습이 어떤 모습을 하고 있을지 적어보시고 나눠보세요.

Guide

영적 성장의 로드맵을 그려보는 것이 반드시 필요합니다. 목적이 없는 삶은 어디로 가야할지 방황하기 때문입니다. 1, 3, 5년의 시간은 명시적으로 제시된 것이므로 상황에 따라 얼마든지 변경이 가능합니다. 자신에 맞는 로드맵을 그려 "내가 1년 후에는 이렇게 성장해야겠다."라는 바른 목적을 설정하고 그에 맞게 성장해야 합니다.

2과

하나님과의 관계에서 자라 가는 새 생활

"아빠이신 하나님을
알아야 합니다."

새 생활 이야기

한 청년이 큰 죄를 지어 재판을 받게 되었습니다. 그런데 공교롭게도 그 재판의 판사가 그 청년의 아버지였습니다. 청년은 마음속으로 기뻐했습니다. 아버지가 적당히 잘 해결해 줄 것으로 믿었기 때문입니다. 그러나 청년의 아버지인 판사는 단호하게 법대로 판결을 내렸습니다. 청년은 갚을 수 없는 큰돈을 벌금으로 내게 되었습니다. 청년은 마음속으로 아버지를 원망했습니다. 그 돈을 내지 못하면 감옥에 가야 하기 때문입니다. 그러나 재판이 끝나자 청년은 곧 풀려나게 되었습니다. 청년의 아버지인 판사가 대신 벌금을 갚았기 때문입니다.

하나님께서는 죄로 인해 사람들에게 사형이라는 판결을 내리셨습니다. 모든 사람들이 죄인이므로 모든 사람이 죽어야 하지만 하나님은 예수님을 십자가에 못 박는 것으로 대신 그 죄의 값을 치르셨습니다. 그러기에 이제 누구든지 예수님을 믿으면 모든 죄를 용서받고 하나님의 자녀가 될 수 있습니다. 그때부터 하나님과의 관계가 시작되는 것입니다.

Guide

새 생활 이야기를 통해 아이들에게 들려주는 메시지는 사랑과 용서입니다. 죄인인 청년을 끝없이 사랑한 아버지를 통해 하나님의 사랑을 들려주고, 판사아버지가 대신 내준 벌금을 통하여 예수 그리스도의 십자가의 대속의 은혜를 들려주는 것입니다. 이야기를 읽게 하거나 들려주신 후 '사랑과 용서'를 발견하게 해 주시고 적용질문으로 들어갑니다.

적용질문

어렸을 때, 누군가 물건값을 대신 지불해 준 경험이 있었나요? 그때의 느낌을 나눠 보세요.

Guide

1, 2명을 대표로 대답하게 해도 좋고 모두가 간단한 느낌을 이야기해도 좋습니다. 중요한 것은 용서에 대한 경험을 확인하는 것입니다.

상관질문

로마서 8장16절은 우리가 하나님의 자녀인 것을 누가 증명해 준다고 기록하고 있습니까?

성령님

성령께서는 친히 우리의 영과 함께 우리가 하나님의 자녀라는 것을 증언합니다. (로마서 8장16절)

Guide

우리가 하나님의 자녀인 것을 성령이 증언하신다는 것은 매우 중요한 개념입니다. 왜냐하면, 하나님의 자녀가 되었다는 것은 단순한 느낌이나, 일시적인 착각이 아니기 때문입니다. 객관적으로 성경이 그것을 보증하고 더불어 성령님이 증언해 주시는 것입니다. 중요한 것은 느낌이 아니라 사실이라는 것입니다.

새 생활 시작

아이가 세상에 태어나면 가장 필요한 것은 분유도, 장난감도 아닌 부모입니다. 살아가는데 필요한 모든 것을 부모로부터 공급받기 때문입니다. 새 생활도 마찬가지입니다. 예수님을 믿고 구원받은 삶에서 가장 필요한 것은 하나님입니다. 믿기 전에는 내 마음대로 살았다고 해도 믿었다면 이제 그분으로부터 공급받아야 하기 때문입니다.

Guide

하나님이 누구인가 하는 이야기입니다. 아이가 부모로부터 필요한 것을 공급받고 살듯이 우리가 하나님의 자녀라면 하나님으로부터 공급받고 살아야 하는 것입니다.
이야기를 마친 후 도입질문으로 들어가세요. 도입질문은 하나님을 각자 어떻게 인식하고 있는지를 알고자 하는 질문입니다. 정답보다도 개인적인 이야기를 끌어내는데 집중해 주세요.

도입질문

하나님 하면 제일 먼저 떠오르는 것이 무엇입니까?

상관질문

로마서 8장15절은 예수그리스도를 영접한 사람은 하나님을 어떻게 부른다고 기록하고 있나요?

아버지

여러분이 받은 성령은 여러분을 다시 두려움에 이르게 하는, 노예로 만드는 영이 아니라 여러분을 하나님의 자녀가 되게 하는 영이십니다. 그래서 우리는 그 성령을 의지하여 "아바, 아버지"라고 부를 수 있는 것입니다. (로마서 8장15절)

Guide

상관질문에서 아주 중요한 개념을 이야기하고 있습니다. 그것은 하나님의 영 즉, 성령이 아니면 하나님을 아버지라고 부를 수 없다는 것입니다. 우리는 많은 경우 모든 아이들이 교사 수준의 믿음이 있다고 생각하기 때문에 당연히 하나님을 아버지라고 부르는데 주저함이 없다고 믿습니다. 하지만, 실제로 아이들의 삶을 보면 하나님의 이름을 입술로는 부르지만 마음으로 믿지 않는 경우가 많습니다. 어떤 차이일까요? 성경의 기록대로라면 그것은 바로 성령의 임재, 혹은 내주(안에 거하심)하심의 차이입니다.

새 생활 말씀

1. 하나님과의 관계가 중요한 이유

하나님과의 관계를 맺지 않고서는 사람은 진정으로 행복할 수 없고 영적으로 자랄 수 없습니다.

사탄이 인간의 행복을 깨뜨리기 위해서 제일 먼저 한 것은 돈을 빼앗는 것도 아니었고 육체를 공격한 것도 아니었습니다. 다만, 하나님과 인간의 관계를 파괴시키는 일이었습니다.

Guide

왜 하나님과 관계 맺어야 하는가? 그것은 하나님 안에서 인간은 참된 행복을 누리고 영적으로도 자랄 수 있기 때문입니다. 그렇기 때문에 사탄이 가장 중요하게 우리 삶에서 빼앗고자 하는 것은 하나님을 사랑하려는 우리의 마음, 그 결과로 인한 관계의 단절입니다.

상관질문

베드로후서 3장18절은 자라가기 위해서 무엇이 필요하다고 기록하고 있나요?

예수 그리스도의 은혜와 예수 그리스도를 아는 지식

오직 우리 구주 예수 그리스도를 아는 지식과 그의 은혜 가운데 자라나기를 빕니다. 이제부터 영원까지 주님께 영광이 있기를 바랍니다. (베드로후서 3장18절)

Guide

자라가기 위해 필요한 것은 '안다.' 라는 것입니다. 무엇을 알아야 하는가? 바로 예수 그리스도입니다. 예수님이 아니고서는 하나님께 나아갈 수가 없기 때문입니다. 그러므로 아이들에게 예수님을 알아가는 것이 자라가기 위한 필수요건임을 가르쳐주십시오. '안다.' 라는 것은 단순히 지식적으로 하나님의 이름을 안다는 것만을 의미하지 않습니다. 더 나아가 하나님과의 사귐 속에서 아는 것을 의미합니다. 즉, '부모님을 안다.', '내 형제를 안다.', '부부끼리 서로 안다.' 라는 사귐의 앎입니다.

2. 어떻게 하면 하나님과의 깊은 교제 속에서 성장할 수 있을까요?

Guide

새 생활의 삶을 결단하려면 하나님과 교제할 수 있는 일을 해야 합니다. 이전에는 하지 않았지만 새 생활 가운데 하나님과의 만남을 가능하게 하는 3가지 비결을 알아야 합니다. 새 생명의 삶을 살기 전 '하나님'의 이름이 생소하게 다가왔다면 다음 세 가지의 중요한 교제원리 또한 생소할 것입니다. 예배와 말씀, 기도라는 이름입니다. 예배 안에는 찬양과 말씀, 기도 등이 포함되기 때문에 찬양을 따로 강조하지 않았습니다. 그러므로 본과에서 설명하는 말씀과 기도는 공적인 예배 외에 개인적인 예배와 묵상의 삶을 이야기하는 것입니다. 공적인 예배에서 말씀과 기도를 했다고 하나님과 교제했다고 말할 수 없습니다. 우리의 모든 삶에서 예배, 말씀, 기도가 살아있어야 합니다.

1) 하나님을 (예배)해야 합니다.

예배는 교회에 와서 앉아있다고 되는 것이 아닙니다. 많은 친구가 예배를 드리는 게 아니라 예배를 보고 있습니다. 예배는 그런 것이 아닙니다. 예배는 우리의 마음과 생각을 하나님 앞에 집중하여 드리고, 찬양과 기도, 설교 등을 통해 우리 마음을 새롭게 결단하는 시간입니다. 말씀 도우미를 통해 예배가 무엇인지 살펴보세요.

말씀도우미

예배(Worship)

예배(Worship)라는 단어는 어떤 사물이나 사물의 가치를 인정하는 것입니다. 따라서 예배중에 우리의 잘못된 태도는 하나님이 어떤 분이신지 그분의 가치를 알지 못하는데서 오는 무례한 것입니다. 이런 친구들은 다른 대상을 예배하게 되어 있습니다.

2) 하나님의 (말씀)을 들어야 합니다.

말씀을 듣는다는 것은 단지 설교를 듣고 눈물을 흘리는 것이 아닙니다. 말씀을 듣는 것은 하나님의 말씀을 듣고자 하는 마음에서 시작됩니다. 방법은 여러 가지가 있습니다. 설교, 암송, Q.T, 성경 공부 등이 있습니다. 그러나 중요한 것은 방법이 아니라 마음입니다.

3) 하나님께 (기도)해야 합니다.

기도는 독백이 아닙니다. 혼자 하는 주문도 아닙니다. 기도는 하나님과의 대화인 것입니다. 우정, 감정이나 생각, 경험한 것, 그리고 우리의 기대와 소원들을 말씀드리는 것입니다.

3. 하나님과의 관계에서 중요한 4가지

1) 하나님과의 관계에서 중요한 것은 (만남)입니다.

아래의 성경을 읽고 하나님과의 관계에서 중요한 것이 무엇인지 적어보세요.

너희가 온전한 마음으로 나를 찾고, 찾으면 나를 만날 것이다. (예레미야 29장13절)

내가 마음을 다해 주를 따르렵니다. 내가 주의 말씀에서 떠나지 않게 하소서. (시편 119편10절)

Guide

하나님과의 관계에서 만남이 중요한 이유는 만나지 않고는 어떤 관계도 성립할 수 없기 때문입니다. 내가 친구를 만나지 않고 어떻게 친구를 안다고 할 수 있으며, 하나님을 만나는 경험 없이 어떻게 하나님을 안다고 말할 수 있겠습니까? 그 만남의 필수적인 요소는 바로 하나님을 찾고자 하는 우리의 노력과 말씀을 지키고자 하는 믿음입니다. 그렇다고 우리의 노력만으로 하나님을 만날 수 있는 것은 아닙니다. 아이들에게 분명히 설명해 주어야 하는 것은 '만남'이 중요하다는 것입니다.

2) 하나님과의 관계에서 중요한 것은 (용서)의 확신입니다.

하나님과의 관계를 단절시키는게 있습니다. 그것은 죄입니다. 이것은 하나님과의 관계를 단절시키고 사람을 두려움과 낙심에 빠져 방탕한 생활을 하게 합니다.

Guide

하나님은 죄와 상관없으신 분입니다. 죄와 가까이할 수 없기에 우리를 아무리 사랑하신다고 해도 죄를 사랑하실 수는 없는 것입니다. 바로 이 죄의 문제를 해결하기 위해 죽으신 분이 예수 그리스도입니다. 그러므로 새 생활 가운데 살기를 소원하는 친구는 예수님께서 우리의 죄를 용서하셨다는 것을 믿는 사람입니다. 개념을 간단히 설명해 주시고, 상관질문에서 이유를 찾아보거나 '새 생명' 교제 내용 중 '죄'에 대한 개념을 다시 들려주셔도 좋습니다.

상관질문

요한일서 1장9절은 죄를 고백하는 사람에게 어떤 약속이 있다고 기록하고 있나요?

그러나 우리가 죄를 고백하면, 그분은 우리를 용서해 주실 것입니다. 그분은 옳은 일만 행하시는 분이기 때문에 우리는 그분을 믿을 수 있습니다. 그분은 우리의 모든 잘못을 깨끗하게 해 주실 것입니다. (요한일서 1장9절)

3) 하나님과의 관계에서 중요한 것은 조건 없는 (사랑)에 대한 확신입니다.

자기 아들까지도 아끼지 않고 우리 모두를 위해 내어 주신 분께서 그 아들과 함께 우리에게 모든 것을 은혜로 주지 않으시겠습니까? (로마서 8장32절)

Guide

용서에 대한 확신은 곧 하나님께서 나를 사랑하신다는 믿음을 갖는 것입니다. 이것은 상상에서나 가능한 이야기가 아닙니다. 우주의 창조주, 전능하신 하나님이 우리를 사랑하신다는 기록은 성경에 쓰여 있습니다.

4) 하나님과의 관계에서 중요한 것은 (벌(징계))을 달게 받아들이는 것입니다.

부모가 자기 자녀를 단련시켜 가르치는 것과 같이 여호와께서도 여러분을 단련시켜 가르쳐 주신다는 것을 마음속에 새겨두시오. (신명기 8장5절)

나는 그의 아버지가 되고, 그는 나의 아들이 될 것이다. 만일 그가 죄를 지으면 다른 사람을 채찍과 막대기로 삼아 그에게 벌을 줄 것이다. (사무엘하 7장14절)

책망을 듣는 자는 생명길로 가지만, 책망을 무시하는 자는 길을 잃고 방황한다. (잠언 10장 17절)

Guide

아이들은 '벌'이라고 말하면 사랑의 하나님이 왜 벌을 주시는가에 대해 궁금해 합니다. 그러나 오히려 당연히 그럴 수 있습니다. 자식이 잘못된 길을 가는데 손뼉쳐줄 부모가 세상에 어디 있습니까? 당연히 돌아오길 바라고 바랬음에도 되지 않으면 매를 들어야 하는 것입니다. 사랑의 반대는 미움이 아니라 무관심입니다. 하나님은 우리를 사랑하시기 때문에 관심을 갖고 우리의 길을 인도하십니다.

새 생활 생각

1. 하나님은 누구십니까?

   하나님은 우리의 아버지 되십니다.

2. 하나님과의 관계에서 중요한 4가지는 무엇입니까?

   1) 하나님과의 관계에서 중요한 것은 ___만남___입니다.

   2) 하나님과의 관계에서 중요한 것은 ___용서___의 확신입니다.

   3) 하나님과의 관계에서 중요한 것은 조건 없는 ___사랑___에 대한 확신입니다.

   4) 하나님과의 관계에서 중요한 것은 ___벌(징계)___을 달게 받아들이는 것입니다.

3. 하나님과의 관계를 통한 성장을 위해 지금 노력해야 할 것은 무엇인지 한 가지만 적어보세요.

Guide

아이마다 개개인의 성장을 위해 어떻게 노력해야 하는지 찾아주세요. 정답보다도 아이들의 의견을 들어보고 아이들의 상태에 따라 적절하게 조언해 주는 노력이 필요합니다.

3과

나와의 관계에서 자라 가는 새 생활

"성경이 말씀하는
나를 알아야 합니다."

새 생활 이야기

미국 코넬 대학의 심리학과 데이비드 더닝 박사와 일리노이 대학의 주스틴 크루거 박사는 사람이 자신을 어떻게 생각하는지에 대한 공동 연구 결과를 이렇게 발표했습니다.

"무능한 사람은 자신이 무능하다는 사실을 잘 모른다. 그리고 유능한 사람도 역시 자신이 유능하다는 것을 잘 모르고 있다."

두 박사는 연구할 때 논리와 문법, 유머 등 3개 부문에서 테스트를 실시했습니다. 그 결과 낮은 점수를 받은 사람일수록 자신의 업적을 과대평가했고, 높은 점수를 받은 사람일수록 자신을 과소평가하는 것으로 나타났습니다. 사람은 이렇게 자기 자신에 대해 잘 모른 채 살아가고 있습니다. 그런데 문제는 자기 자신에 대해서는 잘 모르면서 남의 일에는 깊이 간섭하고 심지어 방해하기도 한다는 사실입니다. 새 생활에서도 자신을 어떻게 이해하고 있는가가 매우 중요합니다. 왜냐하면 참된 자신은 하나님 안에서 발견되기 때문입니다.

Guide

'지피지기면 백전백승'이라는 말이 있습니다. 적을 알고 자기를 알면 백번 싸워 이긴다는 뜻입니다. 적을 아는 것만큼 중요한 것이 자기를 아는 것입니다. 자기 자신을 올바로 알지 못하는 사람이 어떻게 하나님과 다른 사람을 알고 이해할 수 있겠습니까? 새 생활 이야기에서 중요하게 다루어야 할 내용이 바로 자신을 올바로 알아야 한다는 것입니다.
핵심포인트를 짚어주시고 적용질문으로 넘어가 주세요.

적용질문

친구들과의 관계 속에서 어떤 일로 인해 억울하거나 남들이 자신을 오해하고 있다고 느낀 적이 있나요?

☐ 네! ☐ 아니오!

Guide

적용질문의 요지는 타인과의 관계 속에서 억울하거나 오해한다고 느낄 때가 있었는가 하는 것입니다. 문제가 어디 있다고 판단하는가를 통해 얼마나 자기 자신을 이해하고 있는지 살펴볼 수 있습니다. 아이들에게 질문하신 후, "그렇다면, 문제는 어디 있었니?"라고 되짚어 주세요. 아이들의 반응을 보면서 다음 내용으로 넘어갑니다.

새 생활 시작

나를 잘 알아야 타인과 하나님을 올바로 이해할 수 있습니다. 자기 자신도 제대로 알지 못하면서 남을 비판하고 하나님에 대해 올바로 말할 수 없습니다.

나는 누구일까요? 나를 표현하는 동물의 이름을 적어보고 그 이유를 나누어 봅시다.

이름	동물	이유
김○○	비둘기	정직하고 깨끗하게 살기를 노력하기 때문

나의 장점을 적어보고 그 장점으로 인해 격려받았던 말은 무엇이었나요?

장점

격려 받았던 말

나의 단점을 적어보고 그 단점으로 인해 책망받았던 말은 무엇이었나요? 그리고 그 단점을 해결하려고 노력했을 때 어떤 결과가 찾아 왔나요?

단점

책망받았던 말

해결의 노력

Guide

자신의 장점과 단점을 스스로 점검하는 질문입니다. 장점으로 인한 것보다도 단점에 좀 더 초점을 맞춰 단점이 드러났을 때 어떤 노력을 했는가도 질문에 포함됩니다.

개인적 질문

우리는 왜 우리 자신을 알지 못하는 것일까요? 그 이유를 적어보고 나눠봅시다.

나를 잘 알지 못하는 이유는 ___내가 죄인이기___ 때문입니다.

Guide

대부분의 아이가 자신의 장단점을 피상적으로 적게 됩니다. 자연스럽게 개인적 질문과 연관시켜 설명해 주세요.

1. 우리는 (피조물)입니다.

창세기 1장 27절을 볼 때 인간은 하나님이 창조하셨다고 기록되어 있습니다.
이 말씀을 볼 때 우리는 어떤 사실을 깨달을 수 있을까요?

우리는 인생의 ___주인___ 이 아닙니다. 우리는 피조물입니다. 누군가에 의해 만들어진 존재입니다. 성경은 우리를 창조하신 분은 하나님이라고 기록하고 있습니다. 그러기에 나를 가장 잘 아시는 분은 나를 만드신 하나님이십니다.

Guide

중요한 것은 인간은 스스로 있는 존재가 아니라는 것입니다. 우리의 모습, 성격 등 모든 것이 지어졌다는 것입니다. 누가 그것을 가능하게 할까요? 성경의 정의는 하나님만이 가능하다고 말씀합니다. 아직도 진화론에 설득된다면 '새 생명' 교제 '새 생명의 장애물 2'를 참조해 보세요.

상관질문

마태복음 10장 29-30절은 하나님이 우리의 무엇도 세실 만큼 우리를 잘 안다고 기록하고 있습니까?

머리털까지 세신 것처럼

참새 두 마리가 동전 한 개에 팔리지 않느냐? 그러나 너희 아버지가 아니고서는 한 마리도 땅에 떨어질 수 없다. 심지어 너희 머리카락의 수까지도 하나님은 아신다.(마태복음 10장 29-30절)

Guide

상관질문을 통하여 던져주는 메시지는 하나님이 창조하셨기 때문에 우리를 사랑하신다는 이유가 됨을 알게 하는 것입니다. 성경은 우리의 머리털을 세실 정도로 사랑하시며 우리의 형편을 아신다고 말씀합니다. 그러므로 어렵고 힘들수록 하나님의 창조와 사랑을 더 깊이 믿어야 합니다.

2. 우리는 (마음)이 거짓되고 부패한 사람입니다.

그 어느 것보다도 비뚤어진 것은 사람의 마음이다. 사람의 마음은 심히 악하기 때문에 아무도 그 속을 알 수 없다. (예레미야 17장9절)

사람은 죄를 지으면서도 자신이 죄인 인지조차 알지 못합니다. 왜냐하면 인간의 마음은 세상의 그 어떤 것 보다 거짓되고 부패해 있기 때문입니다.
이것을 전적 인 타락이라고 말합니다. 여기에 예외란 있을 수 없습니다. 너무 타락해서 아무리 노력해도 올바로 살 수 없는 상태 이것이 바로 인간입니다. 하지만 이것을 스스로 깨닫는 사람은 없습니다. 마음이 더러워 깨달을 수 없는 것입니다.

개인적 질문

당신이 죄인이라는 성경의 지적에 대한 느낌이 어떻습니까?

Guide

많은 아이가 자신이 죄인이라는 지적에 대해 도덕적인 개념만을 갖고 생각합니다. 그래서 때로는 죄인이라는 말 자체를 부담스럽게 여깁니다. 하지만, 그것은 자신의 느낌일 뿐입니다. 우리가 예수 그리스도를 믿음으로 새 생명 가운데 살고 그것을 믿는다면 우리의 가치관도 성경적으로 변해야 합니다. 느낌과 이전의 삶을 의지하지 말고 성경에 기록된 하나님의 말씀을 믿어야 하는 것입니다.

3. 우리는 (　　새　　)사람이 되었습니다.

그러므로 누구든지 그리스도 안에 있으면 새로운 창조입니다. 이전 것들은 지나갔고, 보십시오. 새 것들이 와 있습니다. (고린도후서 5장17절)

인간은 그리스도 안에서 ___새___ 사람이 되었습니다. 자신의 이전모습을 벗고 하나님의 형상으로 회복된 것입니다. 그렇기 때문에 더 이상 죄로 인해 고민할 필요가 없습니다. 자신에 대한 열등감도 버려야 합니다. 다른 사람에 대한 적대적인 생각도 버려야 합니다. 세상 속에서의 패배의식도 버려야 합니다. 왜냐하면 이미 하나님께서 당신을 새롭게 하셨기 때문입니다.

Guide

아이들이 종종 오해하는 것은 새로운 피조물이 되었다는 것을 그저 이전보다 좀 더 나아졌다고 여긴다는 것입니다. 그러나 새로운 피조물이 되었다는 것은 이전보다 더 좋은 인간이 되었다는 것이 아니라 완전히 새롭게 됨을 의미합니다.

적용질문

로마서 7장24절-8장2절을 통해 우리가 반복되는 죄악과 실패 속에서 자유함을 얻고 하나님이 원하시는 사람으로 성장하기 위해서 필요한 것은 무엇이라고 생각하십니까?

그리스도 예수 안에 있는 생명의 성령의 법

나는 참으로 비참한 사람입니다. 누가 나를 이 사망의 몸에서 구원해 내겠습니까? 우리 주 예수 그리스도로 인하여 하나님께 감사합니다. 그러므로 나는 마음으로는 하나님의 법에 복종하는 반면, 죄악된 본성으로는 죄의 법에 복종하고 있습니다. 그러므로 이제 그리스도 예수 안에 있는 사람은 정죄를 받지 않습니다. 그것은 그리스도 예수 안에서 생명을 주시는 성령의 법이 죄와 사망의 법에서 여러분을 해방시켰기 때문입니다. (로마서 7장24절~8장2절)

Guide

그리스도 안에 있는 생명의 성령의 법은 우리의 삶을 성령님께 의지하는 것입니다. 우리 자신의 뜻과 생각을 접고 하나님의 말씀 가운데 성령을 의지하는 노력이 필요합니다. 이미 얻은 구원으로 인해 감사하며 그것이 나의 노력이 아닌 하나님의 은혜임을 깨달아야 합니다. 나아가 내 맘대로 살려고 했던 모든 의지를 내려놓고 하나님의 말씀으로만 살려는 의지로 새롭게 태어나야 합니다. 그 의지는 나의 노력이 얻어낸 결과가 아닙니다. 성령께서 주시는 능력이며 또 다른 하나님의 은혜입니다.

새 생활 생각

1. 하나님 안에서 당신은 누구입니까?

   1) 우리는 ___피조물___입니다.

   2) 우리는 ___마음___ 이 거짓되고 부패한 사람입니다.

   3) 우리는 ___새___ 사람이 되었습니다.

2. 자신을 이해하려고 할 때, 방해가 되는 열등감, 과거의 상처 등이 있다면 적어보고 어떻게 극복할 수 있을지 나눠 보세요.

Guide

자신을 이해하는 데 방해가 되는 요소들은 정작 외부의 환경이 아닙니다. 내면에서 끊임없이 도전하는 열등감, 과거의 상처 등이 더욱 강한 적이 됩니다. 따라서 이것을 어떻게 극복하는가는 그 사람이 어떤 인격을 소유하게 되는가와 직결될 수 있습니다. 본 과를 올바로 학습했다면 그것을 극복하기 위해서는 하나님을 통해 극복해야 함을 알 수 있습니다.
제품에 문제가 있을 때, A/S라는 것을 받게 됩니다. 서비스를 받을 때 가장 중요한 것은 제품을 만든 회사를 바로 아는 것입니다. 어디서 만들었는지 알 때, 비로소 고칠 수가 있기 때문입니다. 마찬가지입니다. 우리 내면에 문제가 있을 때, 우리를 지으신 설계자 하나님께 물어야 합니다. 그분을 올바로 이해해야 합니다.
먼저, 질문을 통해 생각하게 하시고 서로 극복에 대해 이야기한 뒤, 최종적으로 정리해 주세요.

4과

타인과의 관계에서 자라 가는 새 생활

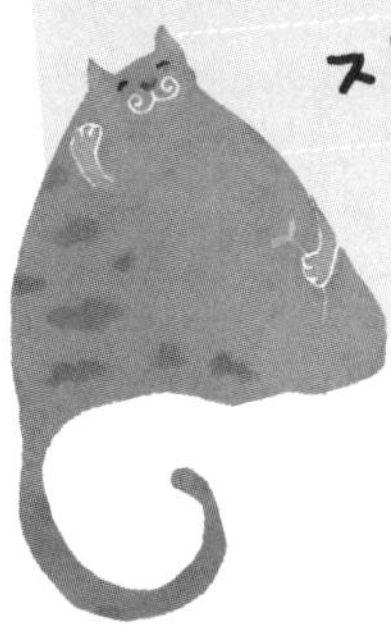

"이웃들과 사랑의 관계를
맺어야 합니다."

새 생활 이야기

혼자 사는 여성이 결혼한 여성보다 병에 약하다는 통계가 나왔습니다. 심장병일 경우는 혼자 사는 여성이 결혼한 여성보다 5배가 많이 걸렸고, 뇌출혈은 2배, 정신병은 7배, 폐결핵은 10배가 많았습니다. 이 통계는 결혼한 여성보다 혼자 사는 여성들이 정신적으로 더 많은 스트레스를 받고 있고, 육체적으로도 쇠약하다는 것을 알게 합니다. 부부간에 큰 문제가 없다면 가끔 부부간의 갈등이 있을지라도 혼자 사는 것보다는 더욱 낫다는 것입니다. 이것은 인간이 반드시 인간관계를 가져야 하는 사회적 존재임을 증명합니다. 하나님께서도 사람이 홀로 사는 것이 안타까워 돕는 배필로 여자를 지어주셨습니다. 창세기 2장18절은 이렇게 기록하고 있습니다.

여호와 하나님께서 말씀하셨습니다. "남자가 혼자 있는 것이 좋지 않으니, 내가 그에게 그를 도울 짝을 만들어 줄 것이다."(창세기 2장18절)

제아무리 잘나고 똑똑해도 인간은 결코 혼자 살 수 없습니다. 타인과 더불어 사는 삶이야말로 새 생활을 사는 사람의 모습입니다.

Guide

혼자 사는 여성을 예로 들었지만 여성에게만 해당되는 내용은 결코 아닙니다. 인간 모두에게 적용되는 이야기입니다. 핵심포인트는 인간은 혼자 살 수 없다는 것입니다. 이런 측면을 설명하신 뒤 자연스럽게 적용질문으로 넘어가세요.

적용질문

만약 이 세상이 모두 멸망하고 당신 혼자 살아남았다면 어떤 느낌일까요?

그것은 마치 ____________ 와(과) 같은 느낌일 거예요.

Guide

요즘 아이들은 자신의 의견을 길게 말하는 것에 익숙하지 않습니다. 글도 마찬가지입니다. 그래서 이런 질문들이 효과적일 때가 있습니다. 아이들이 한 단어로 표현할 수 있도록 도와주세요.

새 생활 시작

인간은 홀로 살 수 없습니다. 세상에 홀로 남겨진다는 상상은 그다지 유쾌하지 않습니다. 혼자 있다는 것은 더 큰 절망감에 빠지기도 합니다. 그러기에 인간관계가 중요합니다.

인간은 (관계적) 존재입니다.

Guide

새 생활의 시작은 인간이 관계적 존재임을 인식하는 데 있습니다. 하나님과의 올바른 관계를 통해 새 생활의 영적 성장에 다가섰다면 이제 다른 사람과의 관계를 생각해야 합니다. 개인적 질문 1, 2번을 통해 아이들의 주관적인 견해를 들어보세요. 이 질문 역시 정확한 답변을 유도하기보다 자신의 이야기를 하게 하는 것이 중요합니다.

개인적 질문

1. 나와 관계하고 있는 사람 중에 나를 가장 힘들게 하는 사람은 누구인가요? 그 이유를 나누어 보세요.

2. 나와 관계하고 있는 사람 중에 나를 행복하게 하는 사람은 누구인가요? 그 이유를 나누어 보세요.

인간은 태어나면서 죽음을 경험하기까지 관계 속에서 살아갑니다. 인간에게 가장 큰 기쁨을 주는 것도 다른 사람과의 관계이고 동시에 가장 큰 갈등과 스트레스를 주는 것도 바로 다른 사람과의 관계입니다.
그렇기 때문에 타인과 함께 사는 삶. 즉, 관계가 매우 중요합니다.

새 생활 말씀

다른 사람과 어떻게 관계하며 살아야 할까요?

Guide

다른 사람과의 관계는 무궁무진하게 열려있습니다. 하지만, 본 과에서는 청소년이 실제로 경험하게 되는 세 부류의 관계에 대해서만 다루었습니다. 첫째 가족, 둘째 친구, 셋째 믿지 않는 친구와의 관계입니다. 친구의 관계를 세분화한 것은 아이들의 경우 믿는 친구와 믿지 않는 친구 간에 경계도 없고 기준도 없기 때문입니다. 친구라면 통하는 거죠. 또한, 가족 역시 인간 사회의 최소단위이자 가장 기본적인 공동체입니다. 그래서 사춘기 아이들이 방황하는 이유도 가족과 친구라고 볼 수 있습니다. 먼저, 가족과의 관계를 살펴볼까요?

1. ___가족___의 관계

인간이 태어나면서 가장 먼저 맺는 관계가 바로 ___가족___입니다. 사회학적으로는 국가를 형성하는 가장 작은 단위이기도 하지요. 기초가 튼튼한 건물이 보기에도 좋고 실제로도 오래가듯이 관계에 있어서도 기초가 되는 ___가족___과의 관계가 가장 중요합니다.

개인적 질문

가족과의 관계가 깨어져 형제(자매)끼리 서로 다투거나 부모님과 싸웠을 때가 있었다면 그때의 느낌은 어땠나요?

Guide

대부분 주관적인 느낌을 기술하게 됩니다. 긍정적이기보다 부정적이고 좋지 않은 감정을 말하게 됩니다.

상관질문

에베소서 6장1절을 볼 때 부모와의 관계에서 우리는 어떻게 해야 하는 것일까요?

순종

Guide

순종이란 무조건적인 복종을 의미하지 않습니다. 세상적인 순종은 맹종이라고 볼 수 있습니다. 하지만, 그리스도 안에서의 순종은 사랑의 마음을 품은 섬김이라고 말할 수 있습니다. 사랑하는 사람의 말을 듣거나 교제하는 일은 언제라도 행복합니다.

자녀들은 부모에게 순종하십시오. 이것이 주님을 믿는 사람으로서 옳게 행하는 일입니다.
(에베소서 6장1절)

2. 친구 와의 관계

■ 생각을 돕는 이야기

유명한 화가가 된 앨버트 뒤러의 어린 시절은 무척 가난해서 학비조차 낼 수 없는 형편이었습니다. 그는 같은 처지에 있는 친구를 만나서 학교에 갈 수 있는 방법을 의논하던 중에 친구에게 이런 제안을 듣습니다. "뒤러야, 우리 두 사람은 모두 공부를 계속할 수 없으니 네가 먼저 학교에 가서 열심히 공부해라. 그러면 나는 식당 일을 하면서 돈을 벌어 널 도울게. 그리고 네가 공부를 다 마치고 나서 나를 지원해 주면 우린 둘 다 공부할 수 있지 않겠니?"

두 친구는 아주 좋은 생각이라고 결정하고 행동에 옮겼습니다. 마침내 뒤러는 친구의 도움으로 미술학교를 졸업할 수 있었고 기쁜 마음에 친구를 찾아갔습니다. 마침 그 친구는 식당 한 구석에서 절친한 친구 앨버트 뒤러를 위해 열심히 기도하고 있었습니다. "하나님 아버지, 저의 친구 뒤러가 열심히 공부해서 훌륭한 화가가 되게 해 주세요. 그리고 하나님의 영광을 위해서 많은 그림을 그릴 수 있게 해 주세요. 그러나 하나님, 저의 손은 이미 식당일로 인하여 그림을 그릴 수 없으니 제가 할 몫까지 뒤러가 모두 할 수 있게 도와주세요."

기도하는 친구의 모습을 보고 있던 뒤러가 자신을 위해 희생했던 친구의 손을 바라보는 순간 커다란 감동을 받았습니다. 그리고 즉시 붓을 들어 친구의 기도하는 손을 스케치하였습니다. 그 그림이 바로 유명한 앨버트 뒤러의 "기도하는 손"입니다.

Guide

앨버트 뒤러의 기도하는 손의 예화는 언제 들어도 감동이 있습니다. 진정한 믿음 안의 친구가 무엇인지 보여주는 이야기입니다. 아이들에게 설명하실 때 앨버트 뒤러의 기도하는 손 그림을 찾아 보여주는 것도 좋습니다. 그리스도인이라면 한번쯤은 봤을 만한 그림입니다.

적용질문

뒤러와 그의 친구와의 관계를 통해 얻게 된 교훈은 무엇인가요?

진정한 친구는 사랑으로 서로 섬기며 희생하는 관계입니다.

상관질문

요한일서 3장18절을 볼 때 믿는 친구들과의 관계에서 우리는 어떻게 사랑을 행동으로 표현할 수가 있을까요?

행함과 진실함으로 표현해야 합니다.

자녀들이여, 우리는 말로만 사랑하는 사람이 되어서는 안 됩니다. 우리의 사랑은 진실되어야 합니다. 그리고 우리는 행함으로써 그 사랑을 보여야 할 것입니다. (요한일서 3장18절)

3. 믿지 않는 친구와의 관계

■ 생각을 돕는 이야기

소 아시아의 위대한 의료선교사 중에 F.D 쉐퍼드 박사라는 분이 있었습니다. 아인타브에서 활동했던 그는 헌신적인 용기와 지칠 줄 모르는 열정으로 고통받는 사람들을 위해 많은 사업을 벌였습니다. 언젠가 한 가난한 아르메니아인이 이렇게 말했습니다.

"나는 그리스도를 본 적이 없습니다. 그 대신 쉐퍼드 박사를 보았습니다."

Guide

먼저, 이야기를 읽고 시작하십시오. 쉐퍼드 박사의 이야기는 믿지 않는 친구에게 우리가 어떤 모습을 보일 것인가에 대한 좋은 예입니다. 다시 말해 그리스도인의 삶이란 믿지 않는 사람들에게 예수 그리스도의 모습을 보여주는 것이라고 할 수 있습니다. 바로 부족한 '나'를 통해 말이죠. 아이들 역시 마찬가지입니다. 그리고 교사 역시 예외일 수 없습니다. 교사가 먼저 예수 그리스도의 모습을 아이들에게 보여줄 수 있어야 합니다. 마치 사도 바울이 교회의 지도자와 성도들에게 자신을 본받으라고 말했던 것처럼 말이죠.

개인적질문

쉐퍼드 박사의 이야기를 듣고 깨닫게 된 교훈은 무엇입니까?

믿지 않는 친구에게 나의 행동을 통하여 예수그리스도를 보여주어야 한다.

상관질문

요한복음 13장34절은 이웃을 대하는 우리의 태도를 어떻게 기록하고 있습니까?

서로 사랑해야 합니다.

내가 너희에게 새 계명을 준다. 서로 사랑하여라. 내가 너희를 사랑한 것같이 너희도 서로 사랑하여라. (요한복음 13장34절)

그리스도인들은 자신의 야망을 위해서 뛰는 사람들이 아닙니다.

그리스도의 영광을 위해 뛰는 사람입니다. 우리의 승리는 1등이 아니라 남을 위해 희생하고 헌신할 줄 아는 것입니다.

새 생활 생각

1. 타인과의 관계가 중요한 이유는 무엇입니까?

Guide

타인과의 관계가 중요한 이유는 우리는 홀로 살 수 없는 존재이기 때문입니다. 더 나아가 하나님의 말씀이 '서로 사랑하라' 라고 명령하시기 때문입니다.

2. 우리 주변에 있는 세 가지 관계의 부류에 대해 이야기해 보세요.

1) 가족 과의 관계

2) 친구 와의 관계

3) 믿지 않는 친구들과의 관계

3. 지금 현재 타인과의 관계 개선을 위하여 노력해야 할 것은 무엇입니까?

Guide

'현재 타인을 위하여 어떤 관계의 개선이 필요한가? 혹은 타인을 위해 해 줄 수 있는 노력은 무엇인가?' 로 바꾸어 질문할 수 있습니다. 중요한 것은 실제로 그 일을 하는가에 있습니다. 그룹에서 아이마다 어떤 노력을 해야 하는지 들어본 후에 문서로 정리하여 서로 체크해 주는 것도 실행을 돕는 좋은 방법입니다. 그렇기 때문에 너무 원대하거나 먼 미래의 목표를 설정하지 말고 당장 내일부터 가족과 친구, 믿지 않는 친구들에게 무엇을 해 줄 수 있는가를 고민하게 해야 합니다.

Memo

저 | 자 | 소 | 개

김인환 목사는 과거 장년 400명 출석인 서울제일침례교회 시무 시 청소년부를 250명으로 끌어올렸을 뿐 아니라 지구촌교회부임 6년만에 200명에서 1,600명으로 끌어올린 청소년부 부흥의 살아있는 전설이다. 그는 "예배의 회복과 가정의 회복이 청소년의 회복이다"라는 슬로건을 내걸고 복음의 열정과 깊이 있는 강해 설교로 청소년들을 변화시키고 있는 '복음의 비전메이커' 이다. 「세계를 품는 경건의 시간 GT」의 편집위원으로 있으며, 유스코스타(Youth Kosta)와 두란노바이블칼리지 강사를 비롯해 젊은이를 위한 부흥집회와 교사세미나, 부모를 위한 자녀성공세미나, 침례신학대학교 기독교교육학과와 청소년 사역자들을 위해 강의를 하는 탁월한 교육전문사역자이다. 저서로는 소그룹 성경공부 교재 「니들이 믿음을 알어?(요한복음)」, 「니들이 비전을 알어?(창세기2)」, 「니들이 복음을 알어?(로마서)」, 「니들이 승리를 알어?(요한계시록)」, 「디지털 리더로 살아라(느헤미야)」, 「믿음을 휘날리며 믿음짱으로 살아라(창세기)」, 「시대를 이끄는 소명 붙들고 살아라(출애굽기)」, 「충전 100% 은혜로 살아라(에베소서)」, 「다음세대 전사가 되어라(사사기)」, 「21세기 리더 예수의 제자가 되어라(마가복음)」, 「세상을 바꾸는 영적 거인이 되어라(사무엘 상 · 하)」, 「역경을 기쁨으로 이기는 유머의 대가가 되어라(빌립보서)」와 부모와 교사, 그리고 사역자들의 필독서인 「사춘기를 알면 자녀의 성공이 보인다(두란노서원)」 등이 있다.

E-Mail : vimilo@korea.com 홈페이지: http://edu.jiguchon.org

초판발행 | 2006. 6.
초판5쇄 | 2014. 6. 30.
지은이 | 김인환
발행처 | 지티엠
등록 | 제10-0763호
서울시 광진구 구의동 253-36 3층 GTM
영업 | 함창일 (02)453-3848 FAX. 453-3836
전화 | (02)453-3818
팩스 | (02)453-3819
총판 | 기독교출판유통 (031)906-9191~4
디자인 | GTM 디자인실
편집 | 김태완, 정혜선, 김용문
일러스트 | 권유숙
인쇄처 | 수경문화사

www.gtm.or.kr
ISBN 89-85447-46-7
ISBN 978-89-85447-46-1